SOCIÉTÉ LITTÉRAIRE

SCIENTIFIQUE & ARTISTIQUE

D'APT

CENTENAIRE

DE SABOLY

25 JUILLET 1675 — 1875

II

SÉANCE DE MONTEUX

CARPENTRAS

IMPRIMERIE P. PRIÈRE, RUE DUPLESSIS

1875

L27 TL
30131

SOCIÉTÉ LITTÉRAIRE

SCIENTIFIQUE & ARTISTIQUE

D'APT

CENTENAIRE

DE SABOLY

25 JUILLET 1675. — 1875.

II

SÉANCE DE MONTEUX

CARPENTRAS

IMPRIMERIE P. PRIÈRE, RUE DUPLESSIS.

1875

BIBLIOTHÈQUE NATIONALE
R.F.
IMPRIMÉS.

Le 31 Août 1875, la ville de Monteux
célébrait l'inauguration d'un monument
commémoratif en l'honneur de Saboly.

Cette fête, qui n'avait d'autre prétention
que d'emprunter à la cordialité tout son
éclat, a eu cependant une notoriété à laquelle elle était loin d'aspirer. La presse
de province et la presse de Paris ont été
unanimes à louer cet hommage fait à notre
compatriote. La Société Littéraire d'Apt,
par un sentiment de délicatesse que l'on
a apprécié, est venue donner à Monteux, à
cette occasion, une séance solennelle, qui
restera dans les souvenirs de son intelligente population.

Nous avons réuni dans ce fascicule les
discours prononcés à cette occasion.

DISCOURS

DE

M. le comte de RIANCEY

Sous-Préfet de Carpentras.

—•❉•—

Mesdames et Messieurs,

Je me sens presque indigne de l'honneur qui
m'est fait aujourd'hui. Je ne suis qu'un profane
que vous pourriez éloigner du sanctuaire sacré
de la muse provençale : les yeux du nord sont
facilement éblouis par les rayons étincelants du
soleil du midi. Vous voulez que je vous parle de
Nicolas Saboly, vous mettez entre mes mains le
recueil admirable des chants du « Troubadour
du dix-septième siècle, » et voici que je vais vous
répondre comme l'écolier novice : « Je ne sais
pas lire ! »

Aveu pénible, Messieurs ! et que je ne fais
qu'en rougissant devant ces Maîtres du gay sça-
voir, Roumanille, Mistral, Aubanel, Félix Gras,

Roumieux, félibres qui avez su secouer la pous-
sière qui souillait la lyre provençale et lui rendre ses antiques et ravissants accords ; devant
les délégués de ces Académies aussi laborieuses
que modestes, qui font revivre en leurs travaux
applaudis et couronnés les brillantes traditions
de l'histoire et de la littératures méridionales ;
devant cette nombreuse assistance , dont la
présence enthousiaste vient justifier, comme à
point nommé, la prédiction du panégyriste de
Saboly :

Jamais ne mourra
Toujours vivra
Saboly, Saboly !
Dans deux cents ans
Le peuple voudra
Saboly, Saboly !

(Applaudissements).

Ah ! Messieurs, laissez-moi vous le dire : des
fêtes comme celles de ce jour, où nous convie la
poésie, en ce qu'elle a de plus élevé, j'allais
dire en ce qu'elle a de divin, où l'on célèbre des
gloires si pures, ces fêtes me semblent inspi-
rées de Dieu, qui veut nous distraire un instant
des labeurs du jour, des soucis du lendemain ;
c'est le repos dans l'oasis embaumée au milieu
de la marche forcée au travers des sables brû-
lants du désert.

La ville de Monteux est fière d'avoir donné naissance à Nicolas Saboly, c'est à bon droit qu'elle a revendiqué l'honneur de posséder l'image de son poète et de la placer comme un palladium sacré au centre de la cité.

Mais en même temps, ce bronze, œuvre si vivante d'un ciseau déjà célèbre, ce bronze est un témoin nouveau et impérissable de l'histoire si féconde de la France du Midi.

Ne l'oubliez pas, Messieurs ! Au temps où la barbarie couvrait encore le monde, entre les lueurs mourantes de la décadence antique et l'aube naissante des nations modernes, il y avait une terre privilégiée où la culture de l'intelligence avait trouvé un refuge. On l'a dit avec raison (1), c'est sous votre ciel, le ciel de la Provence, que s'est épanouie la fleur de la civilisation chrétienne, c'est l'imagination provençale qui a délié la langue des peuples nouvellement constitués et frayé la route où s'est élancé leur génie.

Saluons ensemble la muse provençale à son berceau ! A peine a-t-elle bégayé ses premiers chants, que se lèvent pour la servir, pour la défendre, la brillante phalange des troubadours

----

(1) Saint-René-Taillandier : *Li prouvençalo.*

qui s'en vont promenant de cités en cités, de châteaux en châteaux leurs lyriques inspirations. Voici que les émotions de la croisade et l'enthousiasme des guerres saintes anime leur poétique nature : la littérature provençale s'embellit d'un luxe oriental : magnificence de comparaisons et d'images, exaltation des sentiments et des idées, pensées ingénieuses et chevaleresques, toutes formes extérieures inconnues aux anciens, elle les accueille avec transport et en fait ses principaux ornements (1).

La tradition le dit en sa vérité naïve :

« Le troubadour est tout amour. »

L'amour et ses mille enchantements, ses ivresses et ses déboires, tel fut le thème merveilleusement varié, il faut le reconnaître, mais le thème unique des compositions des trouvères, d'où l'on a conclu que l'amour est la condition vitale de toute poésie chantée.

La mesure était difficile à garder entre les légendes d'amour chevaleresque que nous savons applaudir et les chants licencieux. La muse provençale ne sut point résister au péril : la pente était trop rapide, l'entraînement trop général dans les cours et dans les peu-

---

(1) H. de Riancey: *Histoire du Monde.*

ples; au treizième et au quatorzième siècles elle
sacrifie à la licence ; elle se relève au quinzième
avec le bon Roi René, protecteur des poètes et
poète lui-même ; avec Clémence Isaure, la Dame
toulousaine, charmante patronne de la gaie
science.

A la mort du roi René, la Provence est réunie
à la France. Les années passent rapidement ; la
langue d'oil, devenue nationale, étend sa domi-
nation souveraine, et pendant le seizième siècle
la langue provençale, deshéritée, abandonnée
par les grandes familles, décline sensiblement.
Va-t-elle donc périr toute entière, cette langue
harmonieuse et souple, cette langue qui s'allie si
merveilleusement, en ses expressions sonores,
aux rayons vivifiants du soleil, aux horizons sans
fin du ciel bleu.

Non, messieurs. Le laboureur attentif à son
sillon, le berger veillant son troupeau, ne se lais-
sent point distraire par les échos bruyants de la
ville. Bannie des cités, la langue provençale se
réfugie dans les campagnes : délaissée par les
grands, elle est recueillie et sauvée par le peuple. Ce n'est point là le trait le moins saisissant
de votre histoire.

A l'aurore du dix-septième siècle, en 1614,
apparaît Nicolas Saboly. Il naît d'une honnête et
simple famille. Un savant Mémoire, qui a valu à

son auteur (1) la médaille d'or, vous en raconte sa vie, doucement écoulée entre Monteux, Carpentras et Avignon.

C'est à Saboly, à votre poète, qu'est dévolue la mission d'assurer à la littérature provençale une vie désormais impérissable, mission dont il s'acquitta si merveilleusement, que l'idiôme dont il s'est servi pour chanter la Nativité est demeuré celui que vous parlez, de nos jours, dans la vallée du Rhône.

Mais il fallait qu'elle fût pure de toute souillure cette source nouvelle et vifiante à laquelle allait se rajeunir la Muse provençale, il importait que ses chants s'inspirassent d'en haut pour que l'écho en pût arriver jusqu'aux âges futurs.

Etonnante merveille! Le rénovateur de la muse de Provence, de cette muse jadis si libre, ce rénovateur est un prêtre, et prêtre il ne saura, ne voudra chanter que Dieu-Emmanuel! Dans plus de soixante poèmes — je dis poèmes à dessein — il célèbrera l'Enfant-Dieu, couché dans la crèche, adoré des bergers et des rois, l'Enfant-Dieu, terreur de la mort, rédempteur de l'humanité.

Viennent les esprits chagrins ou sceptiques

---

(1) M. l'abbé Faury, de Carpentras.

regretter que la lyre de votre poète ne soit pas montée sur les modes d'Eonie ou de Lesbos, vienne la critique se plaindre encore que Saboly n'ait point chanté l'amour, les belles et la chevalerie !

Restez fiers, jaloux, de votre Saboly, parce qu'il a su prendre son inspiration au-dessus des passions humaines ; d'autres ont chanté les hommes, lui il chante Dieu ! (Bravo ! Bravo !) Ecoutez-le « Il a parcouru toutes les parties du monde, « la terre et la mer, il a vu l'entrée du grand « roi Louis dans Avignon, il a connu la cour et « ses splendeurs, tout cela est beau, mais tout « cela ne saurait égaler ce qu'il a vu en Bethléem »

Qu'a-t-il donc vu dans Bethléem ?

Il a existé de tout temps un pieux usage en notre beau pays de France : c'est celui de célébrer la nuit bénie de Noël ; les feux allumés chassent à la fois et les ténèbres et la froidure, les chants montent aux cieux comme une prière en même temps qu'une allégresse.

Laissez-moi vous le dire, Messieurs, c'est encore l'honneur des Provençaux d'avoir su solenniser le mieux peut-être ces joies saintes de la Nativité, en faisant de cette fête du ciel, la fête aussi de la famille chrétienne. (Bravo !)

Il me semble que nous sommes encore au

temps de Saboly! la venue prochaine du Sauveur du monde est un fait si grand qu'avant de la chanter, il faut être en paix avec tout le monde : il faut confesser ses torts, abjurer ses haines et se réconcilier avec ses ennemis. Nous voici à la nuit : la famille est réunie tout entière ; les absents ont regagné le foyer paternel ; la table est dressée dans la salle basse, luxuriante de mets et de friandises ; au milieu se détache le « Calendal » béni, surmonté de branches de houx aux fruits rouges et ornée de faveurs faites du jonc des marais.

Voici que l'aïeul s'avance tenant par la main le petit-fils tout fier d'être admis à la veillée ; tous deux, le grand-père, symbole de l'année qui nous échappe, et l'enfant, image de l'année qui vient, portent solennellement le « Cachafio », la bûche de Noël. Toute la famille suit en procession, la bûche est solennellement enfouie dans les cendres. Le père de famille s'avance avec solennité, épanche le vin en forme de croix, bénissant le bois « au nom du Père du Fils et du Saint-Esprit ». Après l'invocation, le bûcher s'enflamme et sa première braisée est respectueusement mise de côté, comme un souvenir et une protection.

Et puis, le repas commence, et pour charmer la veillée jusqu'au premier son de la messe, l'aïeul entonne à plein gosier les noëls du poëte aimé : les voix enfantines répètent à l'envi le gai refrain.

Ah ! Messieurs, c'est ici que me revient plus vif encore, le regret exprimé au début de ce discours. Pourquoi faut-il que je ne puisse chanter aussi le chant de Saboly ?

Que ne puis-je relire avec vous ce récit merveilleux de « saint Joseph et de l'hôte » ! (1)

Qui ne le sait ici de cœur et d'âme ce dialogue si grand dans sa simplicité ? Vous entendez la prière modeste du pauvre St-Joseph et la réplique brutale de l'hôte ; l'insistance du saint et la rudesse de l'aubergiste ; les supplications de l'époux de Marie et le refus du campagnard qui se l aisse enfin fléchir par la crainte de voir mourir à sa porte les pauvres passants et plus encore par la détresse de la Vierge bientôt mère. Enfin il consent à les recevoir... dans une étable.

Vous les connaissez aussi ces rudes pâtres, cœurs dévoués sous de grossières enveloppes, Tony, Guillaume, Pierre, Jean, Estève, Sauvaire que le chantre de la Nativité invite à quitter leurs troupeaux pour venir saluer sans retard l'Enfant et sa Mère, baiser ses pieds divins, et le

____

(1) Noël de Saboly : *Hou, dé l'houstaou...*

reconnaître comme un bon frère qui vient nous sauver.

Je m'arrête, Messieurs ; je traduirais mal et je me souviens d'un précepte donné par l'un de vos maîtres (1): « Ne traduisez pas Saboly. De la « chose la plus vive, la plus touchante, vous « feriez la chose la plus lourde et la plus plate « Il n'est pas plus possible de traduire les Noëls « de Saboly qu'il n'est possible de traduire les « Fables de la Fontaine. »

Mais, du moins, essaierai-je de vous dire quel est le caractère, la physionomie particulière de l'œuvre de l'organiste de Saint-Pierre. A mon sens, ce qui donne aux noëls de Saboly un charme ineffable, c'est un accent de vérité, pleine à la fois de conviction et d'enthousiasme, qui anime le vers et soutient le chant. Ici, le poète nous fait répandre de douces larmes de tendresse et de compassion; là, il provoque en éclats bruyants les échos de la montagne : toujours il est plein de son sujet à nul autre comparable

Jésus dans la crèche est le Dieu des petits et des humbles ; avant d'accueillir l'hommage des Rois et des grands, il appelle l'adoration des bergers : c'est aux bergers qu'il se révèle d'abord,

---

(1) D'Ortigues.

aussi les bergers seront-ils les premiers à le fêter, à le chanter ; de là, la vérité, la sincérité
des accents de la Muse de Saboly ; de là, ses al-
lures indépendantes et agrestes. Saboly chante
sans souci de l'avenir ; à ses amis il apporte le
noël où il a mis tout ce qu'il sait des champs,
des prés et de la montagne ; il a fait le poème,
aussi fera-t-il la musique, et les vers seront si
vrais, la mélodie si pure, si facile à retenir que
le plus simple la redira et que le temps n'en
pourra rien altérer.

Gloire au poète populaire ! honneur à la Cité
qui l'a vu naître !

Ah ! Messieurs, conservez comme un trésor
sacré l'œuvre de votre poète ! Ces chants que
vous avez appris au berceau, redites-les à vos
enfants et que les générations à venir les reçoi-
vent d'eux, comme un pieux héritage ! (Bravo !)

Ne quittons pas Saboly et sa ville natale, sans
saluer une fois encore la rénovation des lettres
méridionales si bien représentées en cette fête.
Oui, Messieurs, l'âge d'or renaît, la Muse com-
tadine est redescendue des hauteurs du Ciel ;
chaque année ajoute aux hommages nouveaux
qu'elle reçoit, aux fleurons de sa brillante cou-
ronne.

L'an passé, vous célébriez en cette belle cité
d'Avignon, avec un éclat sans pareil, le cente-

naire de Pétrarque, chantre immortel de Laure, cette année en cette ville et dans un cadre plus restreint et plein d'un charme plus intime, vous fêtez le chantre de la Nativité.

Vous fêtez Saboly comme il eut aimé, ce me semble, à être fêté, au milieu de ces campagnes verdoyantes, à l'ombre de ces monts altiers dont le Ventoux est comme le roi ; votre poète est au milieu de nous ; deux cents années n'ont affaibli aucun de ses traits ; il reste jeune, de cette jeunesse que donne l'immortalité ; ses amis lui rendent hommage et le couronnent de l'acanthe chère aux muses, et de toutes parts retentit, comme l'acclamation d'allégresse et d'honneur : Noël ! Noël ! (Applaudissements prolongés).

DISCOURS

DE M. BASTIDE

Juge au Tribunal civil d'Avignon.

Mesdames et Messieurs,

Je ne viens pas louer Saboly :

Ce n'est pas à son petit-neveu qu'il appartient de le faire, et d'ailleurs que pourrait-il ajouter à ce qui vient d'être si bien dit à sa louange et dont les échos de ces riantes et fertiles campagnes garderont à jamais le souvenir ? Aussi si je me permets de parler après vous, Messieurs, n'est-ce que pour faire entendre quelques paroles de remercîments dictées par la reconnaissance et par le culte pieux d'une mémoire que vous avez su me rendre encore plus chère.

Merci donc à vous, M. le sous-préfet, qui êtes venu rehausser par votre présence l'éclat de cette fête ; vous y aviez votre place marquée à tous les titres, vous qui, devenu Vauclusien par le cœur, ne restez indifférent à rien de ce qui nous intéresse, et qui aimez à chercher dans le culte des lettres ces *jucunda oblivia vitæ* que rendent parfois si désirables les graves responsabilités et les difficiles labeurs de l'administration.

Merci à vous, M. le maire, qui avez voulu qu'un monument public perpétuât le souvenir de celui dont vous vous honorez d'être le compatriote et s'élevât dans la gracieuse et modeste cité qui fut son berceau, en attendant qu'une justice bien tardive, mais qui n'en sera que meilleure sans doute, lui rende le même honneur dans la grande ville où se cache sa tombe obscure et ignorée !

Merci à vous, Roumanille, poète aimé de la Provence, digne héritier de celui que nous fêtons, vous qui avez été le promoteur de l'idée qui se réalise et qui êtes si justement heureux d'assister au couronnement de l'œuvre dont votre initiative avait depuis longtemps posé la base; à vous, brillante pléiade de troubadours et de félibres, qui êtes venus saluer dans Saboly votre ancêtre littéraire et le premier inspirateur de vos beaux vers et à vous membres de l'académie d'Apt, à qui revient l'honneur d'avoir songé à célébrer son deuxième centenaire.

Merci enfin à l'habile artiste dont nous regrettons de ne pouvoir contempler encore l'œuvre tout entière, et à vous tous, généreux souscripteurs, dont chaque offrande a été comme une nouvelle pierre élevant toujours plus haut l'image du poète avec sa renommée.

Je serais oublieux et ingrat si je ne vous saluais au-delà de la tombe, cher et regretté François Seguin, qui fûtes l'éditeur, le critique érudit et le biographe de Saboly ; vous à qui il ne manqua que d'avoir moins de modestie et plus de sentiment de votre valeur personnelle pour ajouter un nom de plus à la liste de nos savants compositeurs et à celle de nos organistes et de nos pianistes les plus distingués. En publiant votre édition des Noëls de Saboly, vous avez élevé au poète et au musicien un monument qui, pour n'être ni de pierre ni de bronze, n'en sera ni moins durable, ni moins apprécié.

Dans ce beau travail, Messieurs, Seguin a apporté toute sa passion de savant artiste, d'infatigable chercheur, d'éditeur consciencieux jusqu'au scrupule, et c'est une des joies de ma vie que d'avoir pu, il y a vingt ans, l'aider à achever son œuvre en lui communiquant un ancien manuscrit de ma famille qui lui permit de retrouver, dans leur pureté primitive, plusieurs airs de noëls qui avaient échappé jusque-là à ses plus actives investigations.

L'œuvre est ainsi complète et l'intérêt s'y partage entre le charme des vers, la grâce des mélodies et l'attrait de ces accompagnements si habiles, si originaux et si variés qui ont valu à notre regretté compatriote les éloges les mieux mérités. D'aucuns ont timidement hasardé qu'il y avait fait de la musique trop savante. A cette flatteuse critique il n'y a qu'une réponse à faire : « Ce n'est pas la musique qui est trop savante, « c'est l'auditeur qui ne l'est pas assez. »

En parcourant ce recueil enrichi des notes les plus intéressantes et précédé d'une Introduction qui est une étude historique et critique des plus remarquables, on ne s'étonne pas de la vive sympathie dont Saboly n'a cessé de jouir parmi nos populations méridionales.

Elles l'aiment, en effet, non-seulement parce qu'il est un gracieux musicien et un charmant poète, mais aussi parce qu'elles retrouvent dans son œuvre les deux grandes choses qui leur tiennent le plus au cœur : la religion et la patrie !

La patrie ! elle nous y apparaît vivante et en quelque sorte plus vénérable sous cette vieille langue que parlaient nos pères, que nous aimons à parler encore et que nos neveux, je l'espère, ne laisseront pas mourir !

La religion ! elle est tout entière dans ce grand

fait qui fut le principe et la fin de toutes les inspirations de notre poète : LA NATIVITÉ !

Que de choses, Messieurs, dans ce doux mot
qui nous est si cher !

Ruines du vieux monde païen qui s'.écroule,—
chaînes brisées de l'esclavage antique, — ra·
dieuse aurore de la véritable fraternité, — souf-
frances de l'homme-Dieu régénérant dans son
sang l'humanité déchue, je vous aperçois à la
lueur des divines clartés qui s'échappent de ce
berceau devant lequel s'inclinent les pâtres et les
rois !

En chantant la Nativité, Saboly a chanté·tou·
tes ces choses ; deux cents ans ont passé sur son
œuvre et elle n'a pas vieilli, et chaque fois que
revient l'anniversaire de cette nuit bénie qu'il
a célébrée avec tant de grâce et de variété, sous
les voutes du temple et sous le toit le plus mo
deste, aux accents harmonieux de l'orgue et à la
lueur de la flamme du *cachafio*, des voix chré·
tiennes font entendre encore ces ravissantes mé·
lodies, ces poésies touchantes et naïves dont la
tradition a conservé dans nos familles l'impérissable souvenir.

Je ne voulais pas louer Saboly et je me laisse
entrainer à le faire ! Pardonnez-moi, Messieurs,
d'avoir glissé sur cette pente si facile et si

douce, et réjouissons-nous ensemble d'être venus pour le fêter.

Aux temps troublés où nous vivons, on est heureux de pouvoir s'unir dans une pensée commune, loin des stériles agitations de la politique et à l'abri de ces discussions orageuses dans lesquelles les haines se produisent, les amitiés s'effacent, les liens les plus sacrés se brisent. Ici, du moins, nous sommes tous d'accord et tout nous parle poésie, harmonie et union des âmes. Respirons largement dans cette douce atmosphère et en souvenir du chantre de Noël redisons, au fond de nos cœurs, ces paroles de concorde et d'amour qui remplirent les airs dans la nuit qui donnait un sauveur au monde : *Gloire à Dieu dans le Ciel, et paix sur la terre aux hommes de bonne volonté !*

DISCOURS

DE

M. J. TERRIS.

Mesdames et Messieurs,

Il y a un an, nous célébrions le cinquième centenaire de Pétrarque. De tout côté, s'il vous en souvient, s'élevèrent d'unanimes applaudissements pour saluer la généreuse pensée qui réunissait, dans un seul embrassement, toutes les races latines, autour de la tombe du grand poëte du quatorzième siècle, et glorifiait en lui, non pas, comme on a semblé le croire, le chantre de Laure, ou l'ami un moment abusé de Rienzi, mais le grand homme en qui se personnifient la foi du chrétien, le culte du beau, l'amour de la patrie et l'aurore de la renaissance des lettres.

Notre but aujourd'hui est plus modeste. Ce n'est pas sur le front du lauréat que Rome acclamait le 6 avril 1341, que nous venons déposer à nouveau ce laurier qui lui fut si cher;

nous n'avons pas la prétention de convier les races latines à un nouveau banquet de la fraternité littéraire,— la seule qui ne soit point menteuse et qui ne coûte ni larmes ni sang : et ce monument de bronze que nous élevons à un modeste enfant des plaines du Comtat, nous n'avons certes pas la prétention de l'opposer au bronze quasi provocateur qu'une autre race vient d'élever à la mémoire d'Arminius.

Et pourtant, Messieurs, la fête de ce jour n'a-t-elle pas une signification sérieuse, et l'espérance que nous avons conçue d'en faire une fête chère à tous nos cœurs de Comtadins, n'est-elle pas justifiée par le but que nous avons poursuivi ?

Au nom de la Société littéraire d'Apt que j'ai l'honneur de représenter en ce moment, permettez-moi, Messieurs, de vous le dire.

L'idée seule de célébrer, après deux siècles, le légendaire troubadour Montelin, a-t-elle besoin d'être justifiée ? Messieurs, nous sommes au siècle ou plutôt à la période des centenaires : inutile de vous rappeler ceux que depuis un an nous avons vu éclore. Les échos du monde entier redisent, à l'heure qu'il est, le nom du grand O'Connell, que 500,000 Irlandais acclamaient l'autre jour; ils rediront bientôt celui de Michel-Ange que Florence se prépare à acclamer à son tour.

Eh bien ! Messieurs, cette pensée de célébrer les hommes qui ont fait honneur à un pays ou à un siècle, alors seulement que leur mémoire a été transfigurée par la mort, cette pensée, elle est noble et généreuse. Il est bon que l'on sache que tout ne finit pas à la tombe ; il est bon qu'une nation, une province se souvienne de ceux qui, sur elle, ont jeté un grand lustre ou simplement ont laissé tomber quelques rayons de joie. Qui sait si l'honneur qui s'attache aux gloires du passé ne sera pas le germe le plus fécond, pour faire éclore les gloires de l'avenir ?

Saboly, Messieurs, méritait-il, lui aussi, les honneurs d'un centenaire ? Après les travaux remarquables qu'ont suscités nos concours historiques et poétiques, et qui ont mis dans tout son jour cette figure si originale et si digne d'attention, s'il était besoin de justifier devant cet auditoire, en présence de ce peuple de Monteux, l'initiative que nous revendiquons, à défaut de ma voix ces murs parleraient. Elles parleraient aussi les voûtes de cette église qui, depuis deux cents ans, redisent les chants inspirés de celui qui, petit enfant, vint y apprendre à connaître et à aimer le Dieu de la crèche. Que dis-je, Messieurs, les murs de votre cité et les voûtes de votre vieille église ! Mais de toutes vos chaumières et de tous vos foyers, habitants de Monteux, et de tous les foyers et de toutes les chaumières du Comtat et de la Provence, et de nos plaines incomparables et des échos de toutes nos montagnes, et des églises de hameau et des cathédrales superbes, s'élèveraient ces voix que décembre nous ramène chaque année, avec les nativités et les crêches, et qui, dans le langage le plus populaire, le plus ému et le plus vrai, redisent les croyances, les aspirations et les mœurs du Comtat et de la Provence. Saboly est le poëte du peuple, il a chanté dans la langue du peuple, il a redit ce que nous vénérons et aimons, il vit dans le souvenir et dans les usages du peuple : n'était-il pas juste que le peuple de Provence vînt l'acclamer à son jour ?

Quelques-uns se sont demandé, Messieurs, comment il se fait que la Société littéraire d'Apt, ville de Provence, ait pris à cœur cette glorification posthume du chantre comtadin. Ceux qui ont pu, un moment, partager cet étonnement, avaient oublié, sans doute, ce que sont pour le département de Vaucluse, la ville d'Apt et notre modeste académie. Placée au cœur d'un arrondissement qui s'étend à la fois sur une partie de l'ancienne Provence et sur une partie de l'ancien Comtat, la vieille cité de Jules-César, cette ville qui, dans les siècles passés, fut un centre florissant d'études littéraires et historiques, n'a-

vait-elle pas le droit de revendiquer comme
siennes les traditions des deux pays ? La Société
qui, depuis quelques années, s'est formée dans
son sein, et qui, en attendant la résurrection de
l'ancien Athénée de Vaucluse, est, dans notre
département, la gardienne, des intérêts littéraires, a cru qu'il en était ainsi et qu'il lui appartenait d'élever un monument en l'honneur de
celui qui est la personnification la plus vraie de
la poésie populaire dans notre département. Ce
monument, dans l'origine, devait être tout sim.
plement un monument historique et littéraire :
nous mîmes au concours l'éloge en vers de Saboly, nous indiquâmes comme l'objet capital
du concours historique, une étude sérieuse et dé-
finitive sur la vie, les œuvres, le caractère mo-
ral et littéraire de l'auteur des *Nouvè*. Pour lui
tresser une de ces couronnes qu'il eût aimées,
nous avons, par la même occasion, adressé un
appel fraternel à la science historique et à la
muse chrétienne de tous les pays : à l'une, nous
avons demandé une étude sur cette littérature
des Noëls si pittoresque, si ravissante et pourtant si peu connue. Nous avons provoqué la
muse de nos jours à un tournoi littéraire qui
aurait pour but, non pas de glorifier un héros
ou de s'attirer quelque sourire d'une aimable
châtelaine, mais de chanter, comme Saboly l'a-

vait fait déjà, le divin enfant qui vagissait dans la crèche de Bethléem et cette gracieuse mère qui le portait entre ses bras.

L'accueil qu'a reçu dans le monde provençal la première pensée du centenaire de Saboly a dépassé toutes nos espérances. Aux monuments historiques et littéraires que des mains amies ont élevées au dieu de la crèche et à celui qui l'a si bien chanté, nous pouvons aujourd'hui, Messieurs, ajouter ce monument de marbre et de bronze dont vous venez de saluer l'inauguration.

Comment cela s'est-il fait ? Ce m'est un devoir et une joie de vous le dire.

Nous n'avons certes pas la prétention, Messieurs, d'avoir été les premiers à découvrir dans le ciel provençal l'étoile de l'auteur des Noëls.

Populaire déjà de son vivant, populaire plus encore peut-être après sa mort, alors que l'expérience eut bien fait voir qu'il était un modèle inimitable et désespérant, Saboly a, de tout temps, rencontré en Provence de chauds admirateurs et des panégyristes convaincus. Il appartenait à notre siècle de lui susciter des rivaux qui, sans balancer sa gloire (leur modestie ne leur permettrait pas d'accepter ce compliment, qui est dans toutes les bouches), devaient

au moins prendre à cœur de continuer ses traditions, et de faire revivre avec un culte pieux
tout ce qui se rattache à sa mémoire. J'ai nommé cette glorieuse pléïade des félibres provençaux, dont nous voyons ici les plus illustres représentants. Non contents de consacrer au Dieu
que chanta Saboly une des cordes les plus har-
monieuses de leur lyre, non contents de répandre chaque année à milliers d'exemplaires les
œuvres de celui en qui ils aiment à saluer leur
maître, ils voulurent, en face même de cette église
de Saint-Pierre d'Avignon, dont le nom est insé-
parable de celui de Saboly, élever un monument
de bronze en son honneur. Sans doute, il eût été
touchant et piquant tout à la fois de voir, non
loin de la statue du brave Crillon, s'élever l'i-
mage de cet humble prêtre, qui, certes, n'avait
jamais ambitionné la gloire humaine, et que la
gloire s'acharne à poursuivre deux siècles après
son trépas. Vous savez par quel concours de
circonstances cette pensée généreuse n'a pu recevoir sa réalisation complète ; mais, Messieurs,
tous s'en consolent aujourd'hui.

A défaut d'Avignon, où la statue de Saboly
pouvait-elle trouver une place qui lui convînt
mieux qu'auprès de cette église où il reçut le
baptême et où, petit enfant, il apprit à chanter
dans cette langue maternelle qu'il mania plus

tard avec tant de supériorité ? Ainsi, par une coïncidence heureuse, tandis que les habitants de Monteux pourront saluer désormais à la porte de leur vieille église l'image de bronze de leur poëte préféré, l'œuvre littéraire et historique que nos lauréats ont élevée à la mémoire de Saboly et à la littérature des Noëls, restera comme un monument durable et définitif, *ære perennius*.

La Société littéraire d'Apt a donc été heureuse de rencontrer, pour la glorification de Saboly, le concours fraternel de l'Académie des félibres. Nos troubadours modernes ont bien voulu faire partie des jurys destinés à juger les pièces du concours et accepter la tâche de faire le rapport de poésie provençale. C'est avec tout le talent que nous lui connaissons que s'est acquitté de cette tâche l'auteur déjà célèbre des *Carbounié*. Ceci explique, Messieurs, comment vous voyez réunis à cette fête les représentants de l'Académie des félibres et les membres de l'Académie aptésienne. Heureuse fraternité qui se rencontre pour la glorification de ces choses que tous nous aimons tant : la langue qu'ont parlée nos pères et la foi religieuse qui fit battre leur cœur.

Avant de finir, Messieurs, il me reste, au nom de la Société littéraire d'Apt, à remercier tous ceux qui, de près ou de loin, ont contribué au succès de la fête de ce jour. Et d'abord qu'il me

soit permis d'exprimer toute notre reconnais·
sance à l'éminent sous-préfet de Carpentras, qui
a bien voulu accepter la présidence de cette fête
de la Société littéraire. Vous venez de l'entendre,
dans un langage aussi élevé que choisi, vous
dire comment Saboly est devenu l'incarnation
vivante de la poésie populaire depuis deux siècles : malgré sa modestie à reconnaître et à regretter de ne pouvoir, comme il le voudrait,
apprécier toutes les délicatesses de notre lan·
gue, il vous a montré qu'il en avait au moins
l'intuition.

Laissez-moi constater ensuite (ce n'est que jus·
tice) la part qu'ont prise à notre œuvre deux
ociétés savantes et littéraires qui ont bien voulu,
mettre à notre disposition plusieurs des médail-
les que nous allons décerner à nos lauréats, faire
partie de nos jurys et nous envoyer aujourd'hui
leurs délégués ; la Société pour l'étude des lan-
gues romanes et l'Académie du Sonnet, deux
sœurs qui, des deux côtés du Rhône, poursui·
vent par des chemins divers le même but, la glo·
rification de la muse méridionale et des sentiments spiritualistes et traditionnels qui font le
caractère de nos pays.

Et vous surtout, vous, habitants de Montenx,
vous qui avez conservé le nom et le souvenir de
Saboly en même temps que le culte du sol natal

et du foyer, avec nos félicitations, laissez-moi vous adresser nos remerciments. Obéissant à l'impulsion que vous imprime votre éminent clergé, dociles à l'initiative qu'a prise votre municipalité si intelligente, c'est vous qui aujourd'hui donnez son plus bel éclat à la fête de Saboly, car vous nous prouvez que nous vous avions bien jugés et que vous regardez la gloire de votre illustre compatriote comme votre propre gloire. Eh bien ! que nos voix, gens de Provence et gens du Comtat. s'unissent donc aujourd'hui pour exprimer un vœu bien modeste, il est vrai, et auquel personne, je pense, ne trouvera à redire, mais qui, j'en suis sûr, part du fond de toutes les entrailles ; longtemps, longtemps encore, sous le ciel bleu qui nous vit naître, puissent retentir dans la langue de Saboly, ces chants que nous ont appris nos pères et que nous redirons sur le berceau de nos enfants !

———

Carpentras, imprimerie P. Prière, rue Duplesis.

www.ingramcontent.com/pod-product-compliance
Ingram Content Group UK Ltd.
Pitfield, Milton Keynes, MK11 3LW, UK
UKHW021021120726
13693UKWH00005B/2117